Madeleine Michaux

L'archéologie

Sous la terre, l'Histoire

LES ESSENTIELS MILAN JUNIOR

Sommaire

Introduction

Des aventuriers d'hier aux scientifiques d'aujourd'hui

Patience, motivation et méthode

L'avenir est dans le passé... ou l'inverse ?

Pour les plus curieux

Journal d'un archéologue

25 mai

Je suis accepté comme stagiaire sur un chantier le mois prochain ! Selon les archives de la ville, il paraît qu'on a des chances de trouver une nécropole... J'espère qu'on va faire des découvertes fantastiques. En attendant, je vais réviser mes fiches.
Penser à demander au docteur un certificat de vaccination contre le tétanos.

8 juin

Ça y est, l'équipe est au complet. Avec moi, cela fait 6 bénévoles. Le matériel vient d'arriver, on va pouvoir commencer. Le responsable a plutôt l'air sympa. Il dit que la météo annonce 15 jours de beau temps... Tant mieux, je préfère ça que la pluie !

9 juin

Trouvé une monnaie. Le responsable dit qu'elle n'est pas très intéressante, car elle a eu cours pendant plus d'un siècle... Dommage ! En plus, on ne va pas vite, les couches d'occupation sont difficiles à dater. Je commence à bien savoir faire les relevés.

15 juin

Ça se confirme... les couches d'occupation sont plutôt des passages ou des chemins. Ou bien des voies plus importantes ? Les clous de fer à cheval font plutôt penser à une voie. On continue à descendre.

20 juin

Dégagé une grande dalle... un couvercle de sarcophage ? On a trouvé quelques ossements, et encore plusieurs monnaies. Le patron dit qu'on serait dans les couches médiévales (?!) Pour l'instant, pas trouvé de céramique vraiment utile.

25 juin

Génial ! C'est bien une nécropole... on en est à 6 sarcophages et plusieurs tombes en pleine terre. Les archives sont confirmées. Pour le moment, on n'ouvre pas les sarcophages. Pluie annoncée —> mettre des bâches pour protéger le chantier.

27 juin

Plu toute la journée. Deux sarcophages ouverts. Dans le premier, deux squelettes. Bizarre ! Mais cela n'a pas étonné le patron. Il dit que c'est de la récup' de place ! Dans le second, le squelette est bien conservé, traces d'épingles de linceul sur les os, deux bijoux (collier, boucle de ceinture ? ?). Une spécialiste de l'époque carolingienne vient demain.

29 juin

Marie, la spécialiste, est d'accord : on est bien dans du carolingien... Dégagé un superbe sarcophage. Je suis impatient de voir ce qu'il y a dedans !

Plusieurs années plus tard...

Ma conférence sur la grande nécropole carolingienne de Saint-Martin a attiré un public nombreux. Les photos de bijoux restaurés ont eu beaucoup de succès. Pour une première fouille, j'avais eu de la chance ! Quand je pense à ce 25 mai où je ne connaissais presque rien à l'archéologie...

dico

Couche d'occupation : couche sur laquelle on trouve beaucoup de traces d'activité humaine : passage, feu, objets perdus, etc.

Naissance d'une science

Les fouilles de Pompéi, vers 1895. Débutées plus d'un siècle auparavant, elles commencent juste à être organisées scientifiquement.

L'archéologie (du grec *arkhaios*, qui signifie « ancien ») étudie les traces du passé. C'est une science aux méthodes précises, aujourd'hui reconnue. Mais cela n'a pas toujours été le cas...

La nostalgie du passé

À la fin de l'Empire romain, beaucoup de gens regrettent la grandeur des siècles passés, quand les Romains étaient très puissants. Ils collectionnent de beaux objets anciens, appelés antiquités. On appelle ces amateurs des antiquaires (du latin *antiquarius*, celui qui cherche des objets anciens et les étudie). Au IIe siècle déjà, l'empereur romain Hadrien ornait les jardins de ses palais de reproductions de statues grecques.

Le savais-tu ?

De la mode à la science

Au XIXe s., l'archéologie était à la mode chez les personnes fortunées. Fascinées par l'Orient, elles avaient les moyens de voyager, et surtout de payer les ouvriers qui travaillaient sur les chantiers. C'est ainsi que Schliemann a découvert l'ancienne ville de Troie. Aujourd'hui, l'archéologie est une science qui s'étudie, et chacun peut travailler sur un chantier sans avoir besoin d'être riche.

L'Antiquité renaît !

Au XVIe siècle, on se passionne pour les ruines des monuments romains. Cent ans plus tard, un Lyonnais, Spon, note toutes les inscriptions en latin qu'il trouve sur les ruines romaines de sa ville. À partir du XVIIe siècle, les gens riches collectionnent des antiquités. Ils les exposent dans une pièce réservée, leur « cabinet de curiosités ». Au XVIIIe siècle paraît le premier *Recueil d'antiquités égyptiennes, étrusques, grecques, romaines et gauloises*. En 1748, débute le chantier de fouilles de Pompéi, la ville détruite par le Vésuve en 79.

L'archéologie, c'est déjà de la vieille histoire !

Au XIXe siècle, l'archéologie devient une véritable science. Des savants accompagnent Bonaparte en Égypte, ils dessinent les monuments et les hiéroglyphes. En 1848, Jacques Boucher de Perthes démontre que les silex taillés ont été fabriqués par l'homme antédiluvien. C'est le début des travaux sur la préhistoire.

Des trésors dans les poubelles

Aujourd'hui, l'archéologie ne s'intéresse plus seulement aux trésors. On fouille pour découvrir et étudier tous les objets d'une civilisation ancienne. Restes de temples, de maisons, poteries, os d'humains ou d'animaux, bijoux, chaussures, bateaux naufragés et fosses-dépotoirs... Rien n'est délaissé.

Heinrich Schliemann, le découvreur de la ville de Troie, et son épouse.

Vive l'école !

La France a créé, avec l'accord des pays étrangers, des écoles pour former des archéologues aux quatre coins du monde. C'est le cas à Athènes (1846), à Rome (1874), au Caire (1879) et en Extrême-Orient (Hanoi, 1898).

dico

Antédiluvien : qui date d'avant le déluge, c'est-à-dire d'il y a très longtemps !

Fosse-dépotoir : trou fait dans le sol pour y jeter toutes sortes de détritus.

La pelle, la pioche et... la loi

Partout où il peut y avoir des traces archéologiques, le détecteur de métaux, appelé aussi poêle à frire, est interdit.

Nous avons tous envie d'aller chercher dans le sol des traces de l'histoire, ou de la préhistoire. Par curiosité, pour trouver de vieux murs, de la céramique ou toutes sortes d'objets surprenants et peut-être mystérieux !

Dommage !

Pendant longtemps, les gens ont collectionné les pièces et les objets trouvés par hasard. Mais ils se souciaient rarement de prendre des notes sur l'endroit de leur découverte et la présence d'autres traces. Aussi, maintenant, ces « curiosités » ne peuvent plus rien nous apprendre sur l'histoire d'un site.

Le savais-tu ?

50/50

Si par hasard tu trouves quelque chose d'intéressant dans le sol, sous une souche ou dans une ruine, tu as droit à la moitié de son prix. L'autre moitié revient à l'État. Mais il peut aussi te proposer de racheter ta moitié pour exposer la découverte dans un musée où tout le monde pourra la voir.

Massacre à la pioche !

Lorsqu'un amateur creuse pour le plaisir de trouver une vieille pièce ou un morceau de pot cassé, il prend le risque de détruire des indices précieux. Et souvent il ne trouve rien du tout, là où un archéologue aurait pu découvrir les traces de couches d'occupation. Méfie-toi des publicités qui te proposent de devenir chasseur de trésors. Il vaut mieux travailler sur un vrai chantier.

Oublie Indiana Jones !

Les archéologues trouvent rarement un trésor. Et les squelettes surgissent seulement lors des fouilles de nécropoles. Quant aux souterrains, ils sont peu nombreux. Mais les égouts, les fosses-dépotoirs, les caves ou les latrines révèlent souvent des surprises passionnantes.

Respecter la loi

« Nul ne peut effectuer sur un terrain lui appartenant ou appartenant à autrui des fouilles ou des sondages à l'effet de recherches de monuments ou d'objets pouvant intéresser la préhistoire, l'histoire, l'art ou l'archéologie sans en avoir au préalable obtenu l'autorisation. » (Loi du 27 septembre 1941 et du 15 juillet 1980.) C'est au ministère de la Culture qu'il faut demander l'autorisation. Et elle n'est accordée qu'à des gens compétents.

Et si je trouve quelque chose par hasard ?

En bêchant ton jardin, tu as trouvé une mosaïque gallo-romaine ! Ne touche à rien ! Tu es devenu(e) l'« inventeur » d'une découverte qui peut être importante. Il faut vite prévenir le maire, qui prévient le préfet, qui prévient le ministère de la Culture.

Attention, si tu fouilles en secret ou si tu caches une découverte, tes parents risquent une forte amende, voire la prison !

dico

Couche d'occupation : couche sur laquelle on trouve beaucoup de traces d'activité humaine : passage, feu, objets perdus, etc.

Fosse-dépotoir : trou fait dans le sol pour y jeter toutes sortes de détritus.

Latrines : cabinet. Elles débouchaient sur les fossés, la rue ou une fosse ; dans ce cas, on peut retrouver toutes sortes d'objets qui y ont été jetés.

Nécropole : ville des morts, cimetière.

Site : pour un archéologue, un site archéologique est un endroit qui a donné, ou qui peut donner, des résultats intéressants.

Où fouiller ?

Les fouilles, réalisées en ville à l'occasion de grands travaux, attirent souvent une foule de badauds.

Pour savoir si une zone a un intérêt archéologique, il faut déchiffrer les textes anciens et éplucher vieux journaux et vieilles cartes. S'ils indiquent un objet ancien trouvé par hasard ou un bâtiment détruit, une fouille peut être utile.

Patience et longueur de temps…

On ne peut fouiller sans l'autorisation du propriétaire et celle du ministère de la Culture. Il faut du temps pour les obtenir. Le responsable de la fouille doit aussi trouver l'argent nécessaire pour payer le matériel et les archéologues.

Ne pas creuser au hasard : pelleteuses et carottages

Après avoir délimité le site par des repérages aériens ou à pied, on peut établir un diagnostic de différentes manières : en enlevant rapidement la surface du terrain avec une pelleteuse, en retirant une carotte ou en creusant deux tranchées perpendiculaires. Si aucune structure ou aucun objet n'apparaît, c'est peut-être qu'on n'a pas fait le trou au bon endroit ! Ou c'est qu'il n'y a rien à trouver !

L'archéologue… l'empêcheur de construire en rond !

Le passé ne fascine pas tout le monde. Même si les archéologues essaient de déranger le moins

Le savais-tu ?

Sous la ville, l'Histoire

Les villes sont souvent très anciennes. À chaque époque, on a construit ou reconstruit à la même place. Il y a eu aussi des incendies, des démolitions, des travaux pour installer des égouts, des parcelles abandonnées. Le résultat est une sorte de mille-feuille qui rend le sous-sol d'une ville très complexe. Certaines villes ont un archéologue municipal qui surveille les travaux et donne son avis sur les permis de construire ou de démolir.

possible, certaines personnes peuvent trouver les fouilles gênantes. Surtout si elles ont lieu à l'occasion d'un grand chantier (autoroute, métro, immeuble...). Elles peuvent alors ralentir les travaux ou, plus rarement, les arrêter. Mais l'archéologie, c'est l'affaire de tous. De nos jours, la plupart des entreprises de travaux publics, les responsables des villes et même de simples particuliers connaissent la loi. Et chacun pense à signaler les trouvailles faites « par hasard »...

Le hasard fait bien les choses

Quand on a creusé le tunnel sous la Manche, on a trouvé des sites préhistoriques sur la côte. Et c'est en faisant de la plongée qu'un sportif a découvert les peintures rupestres de la grotte qui porte maintenant son nom : Cosquer.

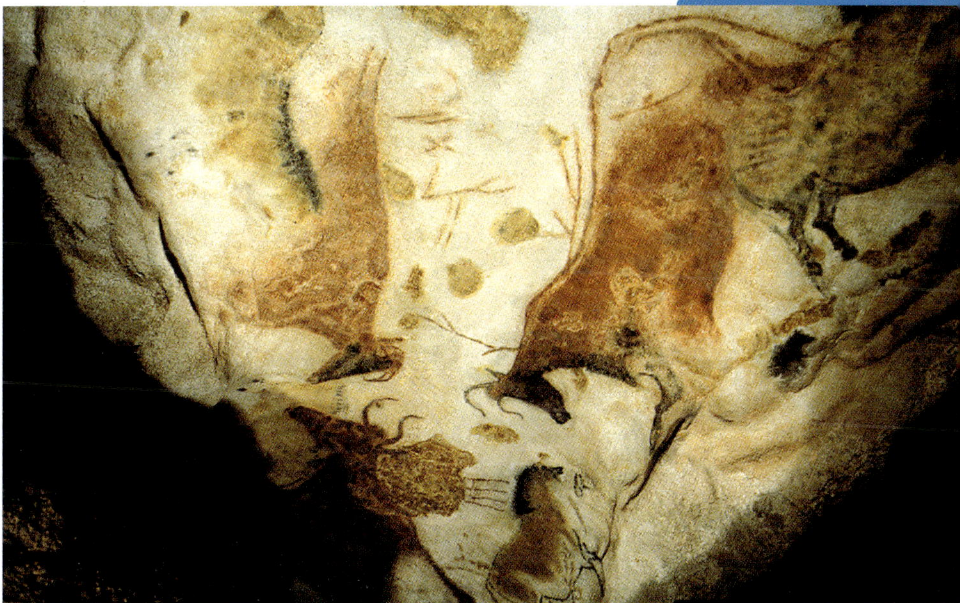

Les peintures rupestres de la grotte sous-marine Cosquer.

On verra ça une autre fois

Quelquefois, par manque de temps ou d'argent, on ne peut pas fouiller un site intéressant. On protège l'endroit contre les intempéries et les fouilleurs clandestins, en le recouvrant de sable ou de gravier, mais il n'est pas oublié. Plus tard, d'autres archéologues pourront venir l'étudier.

dico

Carotte : long cylindre de terre vertical, extrait avec précaution, qui permet de se faire une idée de l'intérêt éventuel d'une fouille.

Peintures rupestres : peintures réalisées sur les parois des grottes par les hommes de la préhistoire.

Structure : voir définition p. 19.

L'archéologue ne travaille jamais seul

L'archéologue travaille parfois sur des chantiers particuliers, comme ici au fond de la mer ou dans les grottes.

Même si tu vois un fouilleur travailler seul sur un chantier, ne crois pas que l'archéologie soit un travail solitaire. En réalité, l'archéologue collabore avec beaucoup d'autres personnes.

Le savais-tu ?

Le prix d'une équipe

Un bénévole ne reçoit pas de salaire… mais il est parfois logé et nourri. Tous les spécialistes qui travaillent sur les objets découverts, ou qui les restaurent pour qu'ils soient présentés, doivent être payés. Il faut y penser en calculant le budget d'un chantier.

Avant, pendant, après…

On trouve partout des historiens locaux qui connaissent bien l'histoire de leur région. L'archéologue lit ce qu'ils ont écrit, ou bien les interroge. Il doit aussi consulter les archives des journaux pour trouver les traces de travaux anciens.

L'équipe de fouille est quelquefois formée d'étudiants ou de bénévoles qui s'intéressent à l'archéologie. Mais aussi d'archéologues débutants qui viennent acquérir de l'expérience : l'archéologie s'apprend sur le terrain autant que dans les livres.

Céramiques, verres, monnaies, os, débris végétaux, bois, pollens ou objets métalliques, l'archéologue demande à des spécialistes de laboratoire d'étudier tout ce qu'il a trouvé. En général, ils ne sont pas archéologues. Mais on a besoin d'eux pour faire parler les indices découverts pendant la fouille.

C'est fini ?

Pas forcément. L'archéologue peut se contenter de rédiger un rapport de fouille. En général, il est écrit pour d'autres archéologues. Mais on peut le « traduire » pour que tout le monde comprenne les résultats et l'intérêt de la fouille. Si l'archéologue écrit pour des enfants, il peut travailler avec des professeurs. L'archéologue peut aussi décider d'aller plus loin. En rassemblant les avis des spécialistes, il peut faire revivre une ville gallo-romaine, un quartier de ville ou même un paysage. Il rejoint alors les historiens… la boucle est bouclée !

À chantiers exceptionnels, moyens exceptionnels

Les chantiers importants emploient un personnel nombreux et durent souvent plusieurs années. Les fouilles réalisées au Louvre, de 1984 à 1986, ont mobilisé 56 archéologues et techniciens de fouille de différentes spécialités pour la seule cour Napoléon. Sans compter les équipes de terrassiers.

« Alors, qu'est-ce que vous trouvez ? »

Les badauds qui passent près d'un chantier posent des questions. Pour eux, seuls l'or, les bijoux, les squelettes ou les souterrains sont dignes d'intérêt ! Souvent, ils sont déçus par ce que les archéologues considèrent comme des trésors.

Les fouilles du Louvre, lors du chantier de la Grande Pyramide.

La mémoire du sol

Au fil des siècles, le travail des archéologues a permis de nombreuses découvertes aux quatre coins du monde.

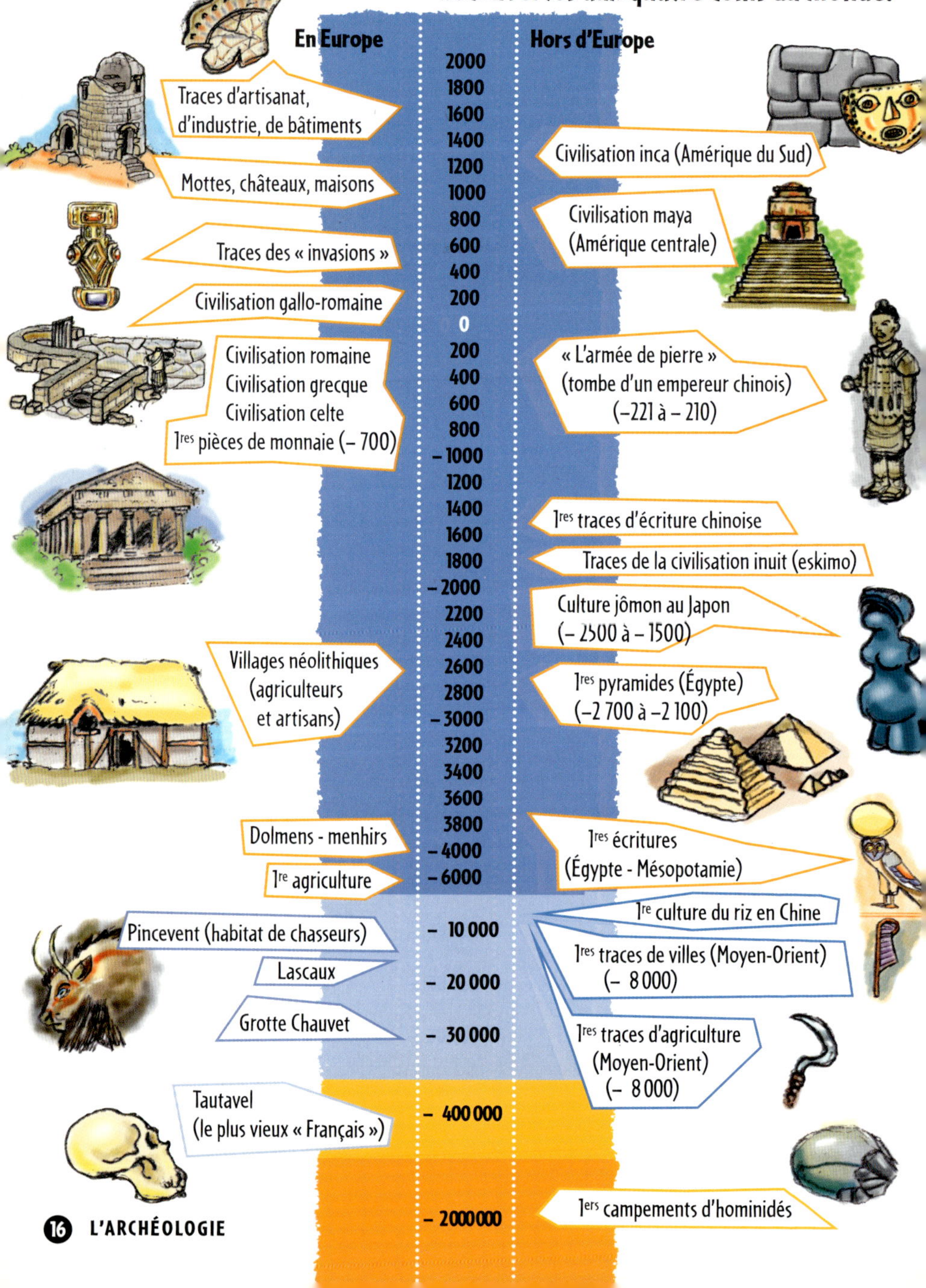

La panoplie du parfait fouilleur

L'archéologue dispose de nombreux outils pour mener la fouille à bien. Il choisit le pinceau très fin pour un objet minuscule ou la large truelle pour décaper rapidement. Souvent il a sa propre truelle, faite à sa main, plus usée d'un côté que de l'autre... et il nettoie soigneusement ses outils chaque soir.

L'archéologue, homme à tout faire

Le patron d'une fouille doit savoir presque tout faire. Les journées sont longues, le travail varié. Le soir, le débutant soigne ses ampoules aux mains. Même les plus expérimentés peuvent attraper des coups de soleil... ou mal au dos ! Et, les outils nettoyés et rangés, il reste encore beaucoup de travail !

Le savais-tu ?

Comme autrefois

Comme les artisans d'autrefois ou les architectes des cathédrales, un archéologue passe d'un chantier à l'autre. Il change de région pour suivre une construction d'autoroute ou des travaux dans une ville. Toutes ces fouilles sont différentes : l'archéologue apprend à s'adapter et à avoir l'« œil archéologique ».

Un travailleur manuel

L'archéologue doit être capable de fournir un effort physique mais aussi de réaliser de délicates manipulations. Ses mains doivent soulever le seau – jusqu'à 10 kg de terre à remonter plusieurs fois par heure –, manier la truelle, la pelle ou la pioche. Si un objet fragile ou une minuscule épingle apparaît, il doit savoir les nettoyer au pinceau et les dégager délicatement. Et il fouille presque par tous les temps. Seul le gel peut l'arrêter.

Un scientifique

Il doit observer les changements de couleur et de composition des couches, reconnaître les traces d'occupation : habitat, fossé, incendie. Comme un topographe, il mesure les différentes altitudes de la stratigraphie. Comme un maçon, il manipule fil à plomb et niveau. Comme en maths ou en géographie, il dessine les coupes de terrain ou les structures.

Un historien

Il cherche dans les archives des indices pour localiser ou comprendre les trouvailles. Il doit aussi écrire l'histoire... de la fouille. Il tient un journal et note en détail tout ce qui se passe. Une idée, une hypothèse permettront de mieux comprendre ce qu'on trouvera plus tard.

Un chef

L'archéologue est rarement seul sur un chantier, même si ça arrive parfois pour une fouille de sauvetage, ou une prospection. Le plus souvent, le responsable doit organiser le travail d'une équipe, professionnels et bénévoles, s'occuper des débutants qui posent des questions et font des erreurs. Et servir de guide lors d'une journée portes ouvertes ou de visites scolaires !

Patience et précision : deux qualités indispensables pour un fouilleur.

« Le chef a dit... »

On doit parfois fouiller dans des endroits surprenants : les grottes, les lacs ou le fond de la mer. De même, on ne fait pas la même chose en préhistoire et en archéologie industrielle... Il faut adapter les méthodes au chantier. C'est à la personne responsable de décider. L'équipe doit faire confiance à son expérience.

dico

Prospection : recherche d'indices archéologiques. Elle peut se faire au sol en marchant, ou avec des appareils, sondes, détecteurs magnétiques. On prospecte aussi par avion.

Stratigraphie : étude des couches de roches, les strates, par les géologues. Pour l'archéologue, les couches qui montrent les différentes époques d'occupation du site.

Structures : traces de bâtiments, par exemple murs, ou emplacement encore visible d'un mur disparu (la terre qui a remplacé le mur dessine sa forme).

Topographe : celui qui dessine le tracé des plans et des cartes, qui permettent de représenter exactement un terrain.

Tout fouiller… sans rien mélanger !

Avant de photographier les objets découverts dans leur environnement, il faut noter tous les renseignements sur l'ardoise. Indispensable, elle permettra d'identifier les clichés.

L'archéologue cherche des « restes ». Ils sont empilés dans la terre comme les détritus dans une poubelle. Les épluchures du mercredi sont au-dessus de celles du mardi, qui sont au-dessus de celles du lundi… Si on veut remonter le temps, il suffit de descendre couche par couche.

Vive la paresse !

Nos ancêtres économisaient leur temps, et leur argent. Si une maison était démolie, on récupérait les pierres pour construire autre chose. Ou bien on bâtissait sur ses ruines. En étudiant ces débris, on peut savoir pourquoi et comment un toit ou un pan de mur sont tombés.

Descendre… mais prudemment

Il faut former des bermes verticales pour voir et dessiner les couches. Attention, un coup de truelle et la terre peut s'écrouler, emportant tout son mobilier. On descend couche par couche, à l'affût des traces de couche d'occupation. Des planches permettent de se déplacer et de faire rouler les brouettes sans danger pour la couche fouillée. Il faut aussi résister à la tentation et

Le savais-tu ?

C'est dans le sac !

La fouille est divisée en carrés numérotés. Ce qu'on trouve dans un carré est mis dans un sac plastique avec le numéro du carré, le numéro de la couche, la date et quelquefois des précisions sur l'endroit de la découverte. Les sacs sont la mémoire de la fouille, indispensables pour reconstituer ensuite l'histoire d'un quartier, d'une maison ou d'un chemin.

ne pas tirer sur le « truc qui dépasse » pour voir si ce n'est pas la découverte du siècle. Au risque de détruire l'objet et de se faire rappeler à l'ordre par le responsable.

Jeté autrefois... récupéré aujourd'hui

Nos ancêtres possédaient beaucoup moins d'objets que nous et le sol n'a pas toujours bien conservé ce qui a été jeté ou perdu. Mais le moindre mobilier retrouvé peut nous apprendre quelque chose : ce que les gens mangeaient, comment le boucher découpait les animaux, comment on réparait un pot cassé.

Et si on se trompe ?

On n'est jamais sûr d'avoir tout vu, tout compris. Pour les archéologues du futur, il faut noter le plus possible de renseignements sur la fouille. Ils doivent pouvoir passer le film du chantier à l'envers jusqu'au premier coup de truelle. C'est pour ça que l'archéologue photographie, dessine, note l'emplacement des objets. Tous ces documents serviront aussi à réfléchir tranquillement, une fois le chantier terminé.

L'archéologue doit savoir aussi dessiner. Comme ici pour reproduire un fragment d'architecture.

Qui a rongé l'os ?

Des spécialistes peuvent faire « parler » les os. Et ainsi savoir si c'est un chien ou un homme qui a rongé une patte de mouton ! C'est comme ça que l'on a découvert que certaines tribus préhistoriques étaient parfois anthropophages.

dico

Berme : paroi verticale constituée des différentes couches stratigraphiques.

Couche d'occupation : couche sur laquelle on trouve beaucoup de traces d'activité humaine : passage, feu, objets perdus, etc.

Mobilier : en archéologie, tous les objets qu'on trouve en fouillant.

L'équipe idéale

Fouilleurs, spécialistes... tout le monde est au travail sur ce chantier. Dans la réalité, les équipes sont souvent plus restreintes. Et tout le monde doit porter un casque, c'est la loi !

Le photographe
prend des photographies à chaque étape du chantier pour en constituer la mémoire.

Le paléopathologiste
est venu vérifier sur place une trace de blessure sur un squelette.

Un fouilleur
dessine une partie de la berme.

Un fouilleur
dégage une céramique en choisissant des outils différents suivant la précision de son travail.

Protéger le chantier

Si la fouille est profonde, on consolide les bermes, ou parois, avec des panneaux. Un toit en plastique l'empêche de se transformer en marécage s'il pleut. Et des palissades tout autour évitent que les passants tombent dans le trou... ou que des fouilleurs clandestins viennent saccager le chantier.

n fouilleur
ettoie les couches ’occupation et recueille es échantillons.

Le responsable de chantier
surveille le travail et rédige le journal des fouilles.

Le spécialiste des monnaies
dégage des pièces avec précaution.

Le topographe
dessine le relief du terrain et prépare le carroyage ou quadrillage du terrain.

Le spécialiste de la céramique
étudie les tessons.

Un fouilleur
relève des graines que le carpologue étudiera.

Et après ?

Le travail sur le terrain n'est qu'une partie de la tâche de l'archéologue. Avant, et pendant la fouille, il est allé souvent consulter les archives. Après, il doit faire parler tout ce qu'il a trouvé puis communiquer les résultats aux scientifiques et au grand public.

Le savais-tu ?

Archéofiction

Dans 2 000 ans, que penseront les archéologues en découvrant une tringle à rideaux avec quelques anneaux, ou un ressort hérité de ton lit ? La tringle leur fera peut-être penser à un jeu de société et le ressort à un bracelet, ou à une garniture pour chapeau de cérémonies... C'est un grand préhistorien qui donnait ces exemples pour montrer qu'il est parfois bien difficile de comprendre ce qu'on trouve en fouillant.

Laver, marquer, coller, dessiner, classer...

Il faut laver chaque objet découvert, le marquer avec la date et le lieu indiqués sur le sac plastique dans lequel on l'a rangé au moment de la fouille. Ensuite on photographie, on dessine et on compare.

Gratte-terrain... gratte-papier !

Il faut écrire le rapport de fouille et le compléter de photos, relevés et dessins avant de l'envoyer au Service régional de l'archéologie. C'est un document difficile à comprendre pour les non-spécialistes, il faut donc être capable de l'expliquer simplement à un journaliste ou à des visiteurs.

En archéologie, les outils de chantier et l'informatique font bon ménage , comme ici à Pompéi.

On garde tout ?

En principe, oui.
Mais il faut savoir s'adapter à chaque chantier. Dans une tessonnière, il faudra peut-être compter et peser l'ensemble des anses de pot de chambre trouvées, mais pas les garder toutes s'il y en a des centaines !

Le travail des spécialistes de la restauration a permis à cette partie de veuglaire, ou canon, de retrouver son aspect initial.

Restaurer, présenter

L'archéologue peut provisoirement réunir les morceaux d'un objet pour donner une idée de sa forme.
Puis ce sont des spécialistes qui le restaurent pour les musées. Ils doivent laisser les parties d'origine bien apparentes et ne rien coller définitivement... pour pouvoir recoller autrement ! On ne peut pas tout restaurer – c'est long et c'est cher. Il faut choisir ce qui est le plus intéressant, ou le plus spectaculaire.

L'archéologue et l'historien : deux inséparables

L'archéologue a besoin de l'histoire pour avoir une idée de ce qu'il peut trouver et pour mieux comprendre ce qu'il trouve. L'historien a besoin de l'archéologue pour vérifier les anciens plans. En l'absence d'archives écrites, l'archéologie peut faire apparaître les archives du sol. Les deux métiers sont très différents, mais ensemble ils sont plus efficaces.

dico

Relevé : dessin fait à partir de mesures précises, qui donne l'image exacte du sol, d'une couche ou d'une structure.

Tessonnière : endroit où les fabricants de céramique ont jeté les objets ratés, ou cassés.

Les traces du passé

À Pompéi, les fouilles ont permis de retrouver les habitants figés dans leurs gestes quotidiens par l'éruption du Vésuve.

Sous terre, on peut trouver toutes sortes de choses, de la petite épingle en bronze jusqu'aux colonnes d'un temple. Surtout dans les régions occupées depuis longtemps par beaucoup d'êtres humains. Certaines traces ont plus de chance de s'être conservées, et donc d'être découvertes.

Partie de cache-cache

On ne peut pas retrouver tout ce qui a existé. Le bois peut tomber en poussière, la pierre taillée redevenir caillou. Le fer complètement rouillé s'effrite. Mais des bâtiments, des objets, abandonnés ou détruits par un incendie, une guerre ou une catastrophe naturelle, peuvent se conserver dans un milieu qui les protège, comme le bois dans l'eau. On ne peut pas non plus démolir une ville pour savoir ce qu'il y a dessous. Il faut attendre des travaux ou des démolitions accidentelles pour découvrir, ici ou là, des morceaux du passé. Mais le puzzle reste toujours incomplet…

Le savais-tu ?

Toujours les mêmes !

On trouve presque toujours des renseignements sur un château ou une cathédrale. Seuls les puissants écrivaient et conservaient leurs archives. Ce qui explique que pendant longtemps, l'histoire n'a parlé que d'eux.

On ne jette pas ce qui a coûté cher !

Une arme de prix, un vase précieux, un meuble luxueux ou de l'or... voilà ce qu'on peut admirer dans les musées. Il y a peu de chance d'en trouver en fouillant, sauf dans les tombes de grands personnages. Exceptionnellement, une vieille souche ou un vieux mur peuvent abriter un trésor caché là par un propriétaire qui, à cause d'une invasion ou d'une guerre, n'a pu revenir le chercher.

J'y suis, j'y reste

Des bâtiments importants ont occupé les mêmes endroits à des époques différentes : une église bâtie à l'emplacement d'un temple romain, le temple romain sur un lieu sacré gaulois. On trouve, souvent groupés, le château ou la motte féodale, l'église, les maisons des riches ou leurs vestiges : ce sont des « lieux de pouvoir ».

Les riches et les puissants d'abord

Les premières découvertes archéologiques parlaient presque toutes de gens qui, autrefois, avaient le pouvoir et la fortune : les pharaons, les grands propriétaires romains, les princes aztèques ou les empereurs chinois. Les ossements retrouvés dans des tumulus étaient peut-être ceux des chefs. Tous construisaient du solide pour laisser la marque de leur passage !

Récup'

Les châteaux forts et les remparts des villes, devenus inutiles, ont servi de carrière : on venait y prendre des pierres toutes taillées pour construire des maisons. Cette réutilisation, ou remploi, est une chance pour l'archéologue. Il faut ouvrir l'œil pour retrouver ces traces !

dico

Motte féodale : petite colline artificielle entourée d'un fossé, construite pour les premiers châteaux forts en bois.

Tumulus : colline artificielle, souvent construite pour abriter un dolmen, il y a environ 4 000 ans.

Pourquoi se fatiguer ? Ici, le « maçon » a utilisé une pierre de récupération, vieille de plusieurs siècles, pour construire son mur. C'est la technique, économique, du remploi.

Tout le monde a une histoire

Pendant longtemps, on s'est contenté de classer les outils, les squelettes ou les peintures des hommes préhistoriques. On pouvait seulement imaginer leur vie... C'est aussi le cas pour les pauvres qui n'ont pas laissé beaucoup de traces de maisons ou de tombes.

Le savais-tu ?

À quoi tu penses ?

L'archéologie expérimentale refait les gestes de l'homme préhistorique pour retrouver les techniques employées et reconstituer sa vie quotidienne. Plus ambitieuse, l'archéologie cognitive (du latin *cognitio* : « j'apprends à connaître ») essaie de se mettre à sa place et de comprendre sa façon de penser.

Les outils ont une mémoire

On peut retrouver l'origine d'une pierre taillée venue d'une lointaine carrière de silex... On sait si le tranchant a été utilisé pour couper de la viande, du bois ou racler une peau. Les archéologues peuvent dire quand l'homme a commencé à tirer à l'arc, à moissonner ou à filer la laine. La forme des objets utilitaires n'a guère changé depuis le néolithique. On reconnaît facilement un pot. Et on peut savoir si l'utilisateur de la cuillère en bois était droitier ou gaucher.

Entre les mains des spécialistes, ce silex taillé livrera bien des secrets.

La vie quotidienne... comme si vous y étiez

Les habitats du début du Moyen Âge n'étaient pas faits pour durer, et les paysans ne possédaient pas grand-chose. Mais les poteaux qui soutenaient le toit et les murs ont laissé des traces : leurs « trous ». On peut connaître leur origine, leur inclinaison, l'allure du toit qu'ils

Un objet religieux, cette fibule ? Non, tout simplement l'ancêtre de l'épingle de nourrice, destinée à agrafer capes et manteaux.

supportaient. Voilà les traces du feu, l'endroit où l'on faisait la cuisine, où l'on parquait les cochons derrière une palissade. On peut savoir où habitait le paysan le plus riche.

Dis-moi ce que tu consommes, je te dirai qui tu es

Les dépotoirs et les latrines sont les supermarchés de l'archéologue ! On y trouve les os, les pépins de raisin, les noyaux, les pollens des plantes consommées. Ces traces permettent d'étudier ce que les gens mangeaient. Les tessons de vaisselle, les lames de couteaux, les semelles avec leurs clous sont de vrais documents historiques.

Tout bouge !

En étudiant comment les gens sont enterrés et avec quels objets, l'archéologue découvre les déplacements de population et la façon de se mélanger, par exemple entre Gallo-Romains et « Barbares ». Les changements d'un paysage au cours des siècles sont étudiés par les archéologues, les paléontologues et les géologues qui, ensemble, peuvent écrire l'histoire du site.

Devine si tu peux !

Il y a des objets dont on a oublié l'usage. Quand on en trouve dans une fouille, on ne sait pas toujours ce que c'est. Sais-tu à quoi servaient les fusaïoles ou les fibules ?

dico

Fibule : agrafe qui permet d'attacher les tissus d'un vêtement. Beaucoup de peuples en ont fabriqué pendant des siècles.

Fusaïole : rondelle de céramique qui permet de lester le fuseau quand on file.

Latrines : cabinet. Elles débouchaient sur les fossés, la rue ou une fosse ; dans ce cas, on peut retrouver toutes sortes d'objets qui y ont été jetés.

Néolithique : période la plus récente de la préhistoire, dit « âge de la pierre polie ».

Paléontologue : qui étudie les fossiles humains ou animaux.

Site : pour un archéologue, un site archéologique est un endroit qui a donné, ou qui peut donner, des résultats intéressants.

L'archéologie, ça commence quand ? Ça finit quand ?

Superbement conservés, les vestiges du palais de Dioclétien à Split, dans l'ex-Yougoslavie.

Hier, c'est déjà du passé. Et les archéologues s'intéressent à tout ce qui est « passé ». Même pour des périodes récentes, ils font des découvertes qui aident les historiens. Grâce à eux, on peut vérifier l'exactitude des documents écrits, ou mieux, raconter la vie de ceux qui n'écrivaient pas.

Le savais-tu ?

Les détectives du passé

Les archéologues cherchent des indices, et mènent l'enquête comme des policiers. Chacun d'eux est spécialiste d'une période de l'histoire. Parce qu'il faut connaître parfaitement le contexte historique et géographique du site que l'on fouille.

Un petit pas pour l'homme... un grand bond (en arrière !) pour l'archéologue

Archéologues et paléontologues étudient les progrès techniques des hommes de la préhistoire et de la protohistoire. Ils ont laissé peu de traces : des empreintes de pied, des silex taillés, des peintures. Il faut être très minutieux pour étudier ces précieux témoignages.

Beau comme l'antique !

En France, il y a beaucoup de fouilles de sites gallo-romains. La Gaule romaine était très peuplée et ses habitants construisaient des bâtiments très solides.

Nos villes et nos routes sont souvent aux mêmes endroits que les leurs. À chaque chantier, et ils sont nombreux, on en apprend un peu plus sur la vie quotidienne, l'artisanat ou le commerce de cette époque.

Les mystères du Moyen Âge

On possède beaucoup de textes sur le Moyen Âge, mais c'est l'archéologie qui nous apprend que les animaux domestiques étaient plus petits que maintenant ou que chaque région avait son style de poterie. Elle nous fait découvrir aussi certaines maladies ou le régime alimentaire des gens, riches ou pauvres.

L'industrie est assez vieille pour avoir son archéologie

Les archéologues peuvent travailler sur des traces industrielles. En fouillant des tessonnières de faïenceries, on apprend qu'au XVIIIe siècle, on produisait plus de pots de chambre que de beaux vases. Ou bien, au fond d'une forêt, on découvre un haut-fourneau en pierres, abandonné depuis 1840.

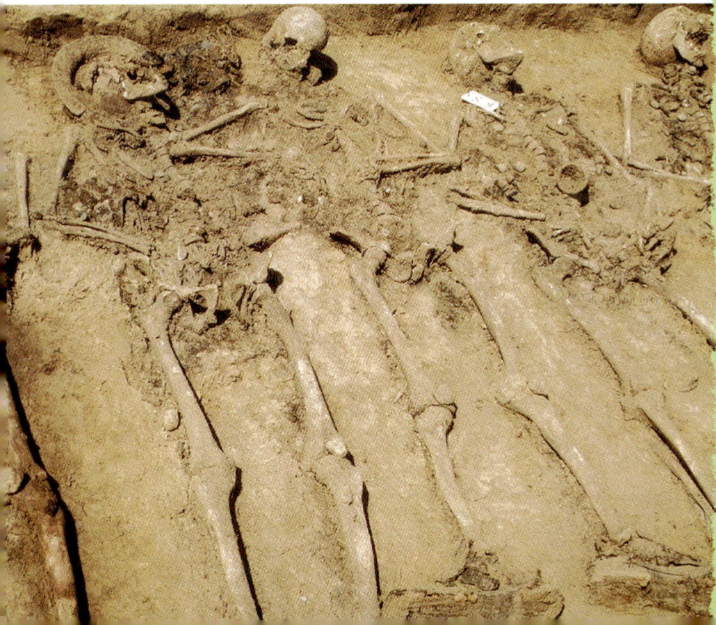

La carte du temps

On ne fait pas tous les jours la découverte du siècle ! Mais, petit à petit, on peut dresser la carte de toutes les villas gallo-romaines ou de toutes les mottes féodales d'une région, et se promener alors dans le passé.

dico

Motte féodale : petite colline artificielle entourée d'un fossé, construite pour les premiers châteaux forts en bois.

Protohistoire : période juste avant l'utilisation de l'écriture. Par exemple chez nous, l'époque des Celtes. Ce n'est plus la préhistoire, mais pas encore tout à fait l'histoire.

Site : pour un archéologue, un site archéologique est un endroit qui a donné, ou qui peut donner, des résultats intéressants.

Tessonnière : endroit où les fabricants de céramique ont jeté les objets ratés, ou cassés.

Les archéologues ont fouillé un champ de bataille de la Première Guerre mondiale. Ils ont retrouvé les restes de 20 soldats britanniques enterrés bras dessus bras dessous. On les surnomme les « potes de Grimsby ».

Je veux être archéologue

Le savais-tu ?

Professionnels et bénévoles... une bonne équipe !

Surveiller les travaux dans sa ville, prévenir les services archéologiques si on voit quelque chose d'intéressant, protéger des sites contre les fouilleurs clandestins ou faire des recherches aux archives : il y a mille façons d'aider les archéologues professionnels tout en se faisant plaisir.

Tout le monde ne peut pas découvrir la tombe de Toutankhamon ! L'archéologie, c'est beaucoup de travail, une pincée de chance et un zeste d'intuition. Tu peux choisir la spécialité qui t'intéresse le plus, et faire de ta passion un vrai métier.

De l'histoire, oui... mais pas seulement

Tu devras sérieusement étudier l'histoire, mais aussi la prévision et la gestion d'un budget, les techniques de chantier, la rédaction d'un rapport scientifique. Il faudra savoir monter une exposition et la faire visiter. Tu devras respecter la loi, et la faire respecter si c'est toi le responsable.

Toujours d'accord ?

Profite de toutes les occasions pour tester ta motivation ! Participe à des chantiers sous la pluie, dans le froid, sous le soleil. Remonte les seaux de terre, alors que tu n'as rien « trouvé » de toute la journée. Passe de longs moments à gratter dans

Ici, un archéologue montre à des enfants la taille du silex afin de leur faire mieux comprendre comment les outils de la préhistoire étaient fabriqués.

Il existe des stages pratiques pour les apprentis archéologues.

des positions pénibles, ou à laver des tessons qui, pour toi, ne ressemblent à rien. Si tu es toujours partant, bravo !

Passe ton bac d'abord

Après, tu iras à l'université préparer une licence d'histoire ou d'histoire de l'art, puis une maîtrise, puis un DEA (diplôme d'études avancées) et une thèse. Te voilà docteur en archéologie, il t'a fallu au moins 8 ou 9 ans... Pendant ce temps, tu es aussi allé fouiller pour apprendre tout ce qu'on ne trouve pas dans les livres !

Si tu veux, tu peux !

Tu t'intéresseras peut-être particulièrement à une période de la préhistoire ou de l'histoire, et à certains mobiliers : les fibules, le verre ou les os. Tu rencontreras des spécialistes, tu te feras apprécier des responsables de fouille. En participant à des réseaux de professionnels, tu auras commencé à faire ton trou... dans le métier.

Le passé... un métier d'avenir !

Il est difficile de percer dans les métiers de l'archéologie. Mais si l'on est passionné et travailleur, on peut devenir archéologue dans une ville, une région, sur des chantiers d'autoroute ou sur les grands sites où les fouilles durent des années.

dico

Fibule : agrafe qui permet d'attacher les tissus d'un vêtement. Beaucoup de peuples en ont fabriqué pendant des siècles.

Mobilier : en archéologie, tous les objets qu'on trouve en fouillant.

Site : pour un archéologue, un site archéologique est un endroit qui a donné, ou qui peut donner, des résultats intéressants.

Quiz

Tu sais tout sur l'archéologie ? Teste maintenant tes connaissances pour le vérifier.

Attention : plusieurs réponses peuvent convenir.

1 Le mot archéologie vient :
A du grec *arkhaios* : « ancien ».
B du nom du premier archéologue, Arkhos.
C de la ville d'Arkhangelsk.

2 Un inventeur, en archéologie, c'est :
A quelqu'un qui invente de nouveaux outils de fouille.
B celui qui trouve un « trésor », un très bel objet ou un site inconnu.
C celui qui invente des histoires à partir de ses découvertes.

3 En archéologie, le mobilier désigne :
A tous les « objets » trouvés.
B les restes de bois seulement.
C tout ce qui a pu servir de meuble autrefois.

4 Le remploi signifie :
A l'utilisation des pelles et des balayettes de maison en archéologie.
B l'utilisation de morceaux d'un ancien bâtiment pour en construire un nouveau.
C le second emploi d'un archéologue.

5 Les archéologues :
A peuvent étudier toutes les époques, jusqu'au XXe siècle.
B n'étudient que la préhistoire.
C n'étudient pas les périodes après le Moyen Âge.

6 Une fosse-dépotoir, c'est :
A un endroit où l'on a jeté autrefois des objets que l'archéologue peut retrouver.
B là où est déposée la terre du chantier.
C l'endroit où l'on entrepose tous les objets découverts.

7 Quand on fouille une nécropole, on trouve :
A beaucoup de traces de maisons.
B des squelettes humains.
C surtout des squelettes d'animaux.

8 L'archéologie peut servir aussi :
A à étudier les dinosaures.
B à découvrir les mentalités des gens d'autrefois.
C à faire la carte des mottes féodales d'une région.

9 Les objets trouvés sur le chantier sont :
A lavés et marqués.
B jetés après avoir été photographiés.
C donnés aux fouilleurs qui les ont trouvés.

10 Pour travailler sur un chantier d'archéologie, il faut :
A être vacciné contre le tétanos.
B porter un casque.
C faire ce que demande le responsable de chantier.

Pour t'aider dans ton exposé

Tu as proposé un exposé sur l'archéologie. Avant de commencer à travailler, lis les conseils suivants.

1 Le choix du sujet

Demande-toi sur quel sujet tu as le plus de connaissances et de documentation. Tu as peut-être une période ou un thème préférés ? Tu as déjà rassemblé pour toi des coupures de journaux, des cartes postales, des catalogues d'exposition ou de musée ? Voilà un bon point de départ.
Demande-toi aussi ce qui intéresse le plus tes camarades. Ils t'écouteront davantage si tu parles de ta région ou de ta ville. Tu peux aussi les passionner avec des découvertes exotiques : les tombes égyptiennes, les pyramides incas, l'archéologie militaire (châteaux forts, armes).

2 La recherche d'information

Aide-toi de la liste page 36 et des ressources du CDI.
Ton professeur a peut-être une documentation qu'il acceptera de te prêter. Il faut que tu aies des documents à montrer : un texte d'encyclopédie, même bien lu, risque d'être ennuyeux. Ton exposé sera plus intéressant si tu commentes quelques images bien choisies et mises en ordre : un chantier, des objets classés (vêtements, nourriture, artisanat...). Ou des maquettes de villages ou de monuments. La photo d'un bel objet en or (un torque gaulois, par exemple) ou d'un squelette aura toujours un grand succès… Présente-la à la fin, si possible.

3 La préparation de l'exposé

Choisis 3 ou 4 idées principales et organise-les suivant un plan précis. Relis-toi à haute voix tout seul et chronomètre ton intervention. Elle ne doit pas dépasser 15 minutes. Tu peux aussi demander à ta famille de servir de public et de corriger tes défauts.

4 L'exposé

Annonce clairement le sujet et écris-le au tableau. N'oublie pas :
- de toujours situer. Dans le temps, avec une frise ; dans l'espace, avec des cartes et des plans.
- d'utiliser le vocabulaire de l'archéologie, en l'expliquant bien, quand il n'est pas trop spécialisé.

À la fin de ton intervention, propose à tes camarades de te poser des questions.

Pour aller plus loin

Des livres

• ***Copain de l'archéologie,*** F. Dieulafait, Milan,1999.
Une mine de renseignements, de quoi épater les copains ! Le vocabulaire précis et scientifique est systématiquement expliqué.

• ***99 réponses sur la préhistoire,***
J. Abelanet, M. Durand, C. Perrenoud, CDDP Languedoc-Roussillon, 1993.
Appuyé en partie sur les découvertes du site français de Tautavel.
Facile à utiliser, avec des textes courts et de nombreux résumés.

• ***Histoire d'un paysage de l'époque gauloise à nos jours,***
G. Choquer, Éd. Errance, 1993.
L'histoire d'une petite région, entre la Bourgogne et la Franche-Comté, racontée avec dessins et maquettes.
Le texte est un peu difficile, mais les images sont très claires.

• ***L'Archéologie,*** C. et F. Dieulafait, coll. « Carnets de nature » , Milan, 2001.
Un précieux guide à glisser dans ton sac à dos pour apprendre à repérer les indices sur le terrain.

Des magazines

• ***Arkéo junior***
Tout ce qu'il faut savoir sur l'actualité de l'archéologie, les techniques et l'histoire, sans oublier les expositions, les musées et le courrier des lecteurs. S'intéresse à l'archéologie du monde entier.

• ***Archéologia***
Un magazine pour les adultes, mais où tu pourras trouver des photos, des croquis et des plans intéressants. C'est la grande sœur d'*Arkéo junior.*

• ***L'Archéologue. Archéologie nouvelle.***
Éd. Epona-Errance.
Très clair et bien illustré.

Des musées

Dans beaucoup de musées, tu trouveras du mobilier archéologique, mais il existe aussi des musées spécialisés.

• ***Le musée des Antiquités nationales à Saint-Germain-en-Laye,***
sur la préhistoire et l'époque gallo-romaine.

• ***Le musée de Préhistoire de Carnac***
(Morbihan).

• ***Le musée de la Civilisation gallo-romaine à* Lyon**.
En général, il y a des expositions d'objets près des sites de fouille (Bibracte) mais elles sont rarement ouvertes toute l'année.
N'oublie pas de te renseigner dans ta région : le journal local te permettra de suivre l'actualité archéologique près de chez toi. Tu la trouveras aussi dans les émissions régionales sur France 3.

Sites Internet

• **www.wkac.ac.uk/shapwick**
pour suivre les fouilles d'un village anglais au jour le jour.

• **www.louvre.fr**
pour admirer les collections d'Égypte et de Mésopotamie.

• **www.culture.fr/culture/arcnat/fr/**
pour tout savoir sur les dernières découvertes de l'archéologie française.

• **www.culture.fr/culture/archeosm/fr/**
pour assister à des fouilles sous-marines en direct.

Index

Réponses au quiz

1	A	**6**	A
2	B	**7**	B
3	A	**8**	B et C
4	B	**9**	A
5	A	**10**	A, B et C

Responsable éditorial : Bernard Garaude
Directeur de collection : Dominique Auzel
Assistante d'édition : Natacha Fradin
Correction : Claire Debout
Iconographie : Sandrine Batlle
Conception graphique : Anne Heym
Maquette : Isocèle
Couverture : Bruno Douin

Illustrations : Mati pp. 16-17, Pillot pp. 3 et 22-23.

Crédit photo :
Couverture : © P. Massacret- Milan (haut), F. Pillot (bas et dos).
© Roger-Viollet : p. 8 / © Berko Fine Paintings, Knokke-Zoute, Bergium - Bridgeman Art Library : p. 9 / © Westermann - Corbis : p. 10 / © Coll. Noël - O'Medias : p. 11 / © L. Dausse : p. 12 / © Vauthey - Sygma : p. 13 / © S. Compoint - Sygma : p. 14 / © Ledru - Sygma : p. 15 / © Paul A. Souders - Corbis : p. 18 / © R. T. Nowitz - Corbis : p. 19 / © Lowell Georgia - Corbis : p. 20 / © F. Neema - Sygma : p. 21 / © V. Rastelli - Corbis : p. 24 / © M. Michaux : pp. 25, 27 / © Lapied - BIOS : p. 26 / © Archivo Iconografico, S.A. - Corbis : p. 29 / © Vanni Archive - Corbis : p. 30 / © G. Prilaux - INRAP SAM : p. 31 / © D. Chauvet - Milan : pp. 28, 32 / © S. Laurent : p. 33

300, rue Léon-Joulin,
31101 Toulouse Cedex 1 France

Dépôt légal : avril 2002.
ISBN : 2-7459-0466-3
Imprimé en Espagne.

Derniers titres parus

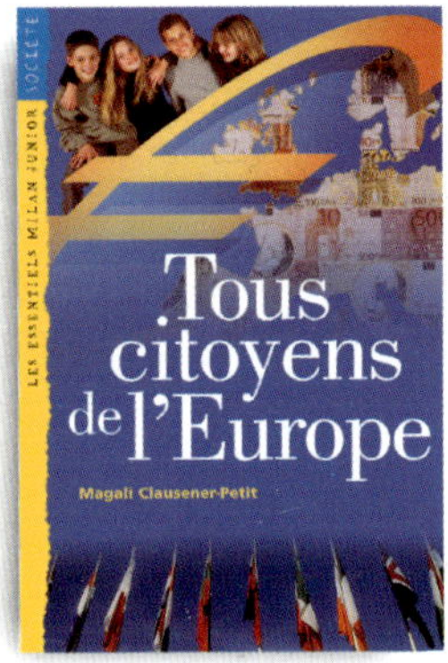

16. **Tous citoyens de l'Europe**
Magali Clausener-Petit

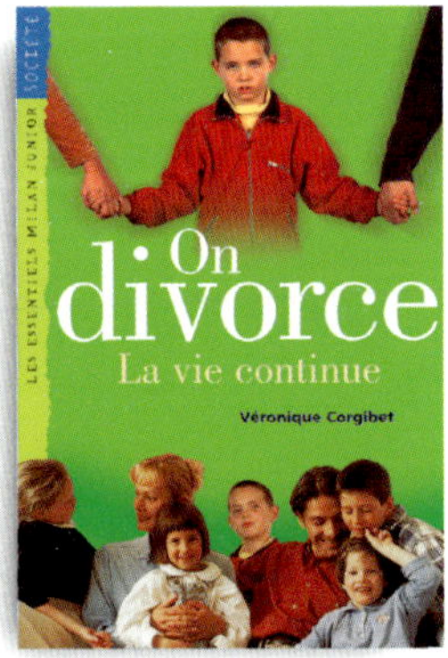

24. **On divorce**
La vie continue
Véronique Corgibet

25. **Les hommes préhistoriques**
Frédéric Bernard

27. **L'amour, la sexualité et toi**
Magali Clausener-Petit

29. **Ce qui te fait peur**
Nadia Benlakhel